JN001735

倍速 講義
ドラッカー×カーネギー

監修

藤屋 伸二

藤屋ニッチ戦略研究所

日本経済新聞出版

はじめに

　ドラッカーとカーネギー。彼らがどのような人物なのかはさておき、おそらく名前くらいは聞いたことがある人も多いでしょう。

　ドラッカーは、今や当たり前の概念となった「マネジメント」をはじめて体系化した人物です。個人や組織、社会のあり方などを説き、現代経営学の父とも評されています。

　一方のカーネギーは、良好な人間関係の築き方や人に物事を伝える技術を研究した人物です。『人を動かす』をはじめとした著書を出版しています。ふたりは生まれも育ちも異なりますが、どちらも「人間」に重きを置いている点で共通しています。

　本書は彼らの教えのなかでも、特にビジネスに有用なものを厳選して1冊にまとめました。仕事のスキルを伸ばしたいときや、仕事で思い悩んでしまったときに、必ず役に立ってくれるはずです。

藤屋伸二

本書の見方

見開き完結でわかりやすい

ふたりの偉人の教えが
1冊でインプットできる！

タイパ抜群の見るだけレイアウト

1 この見開きの主題・目指す意図です。

2 この見開きで学べる概要です。

3

4 概要をより深く **3** ステップ
知るための

5

6 この章の進捗度合いを表示しています。

目で追うだけで瞬時に
理解できるタイパ最強
の入門書です！

Chapter 1 ドラッカーの基礎知識

Chapter 2 貢献するために必要な経営視点

Chapter 3 成果をあげるためのセルフマネジメント

Chapter 4　マネージャーのあるべき姿

Chapter 5　カーネギーの基礎知識

Chapter 6　人間関係を良好にする方法

Chapter 7　気持ちを切り替える方法

ドラッカーの基礎知識

「20世紀の知の巨人」や「マネジメントの父」と
呼ばれるドラッカー。本章では、基本的な彼の
教えについて紹介します。

そもそもドラッカーって どんな人物?

「20世紀の知の巨人」
と評される人物

▶ 新聞記者をしつつ大学で研究もしていた

いい記事を
書くぞ

よし! 国際法で
博士号を取得し
たぞ

ウィーンのユダヤ系家庭に生まれたドラッカー。若い頃は
新聞記者をしながら大学に通い、博士号を取得しました。

STEP 2 ▶ 時代的な背景もありアメリカへ渡る

イギリス

私の論文がナチス の反感を…… 何か起こる前に イギリスへ移住だ

教授として勤務も できてひと安心!

イギリスもいい けど、アメリカ も魅力的だな

アメリカ

ドイツ

著した論文がナチスの逆鱗に触れたためイギリスへ移り、 その後アメリカへ。そこで大学教授として勤務しました。

STEP 3 ▶ 組織を研究して実践力も身につけた

我が社の経営や組織形態 を研究してくれませんか?

はい、喜んで!

ゼネラル・モーター ズ社の研究を記し た『会社という概念』 がベストセラーに。 マネジメント分野の 著述で不動の地位 を確立しました。

GM（ゼネラル・モーターズ）

個人が社会に
貢献する意味が
理解できる

STEP
1 ▶ お金儲けには価値を置いていない

は、はい！

もっと利益を出すんだ

お金を稼ぐことは無視できないが重要ではない

ビジネスというとお金儲けのイメージがありますが、
ドラッカーの理論の本質ではありません。

▶ ドラッカーが興味を示したのは人間

この前の企画書
とてもよかったよ

本当ですか！
ありがとうございます

仕事はお金のためでは
なく、人の生きがいや
成長のためにある

ドラッカーが重視したのは、世のため人のために
働く人間そのものでした。

▶ 自分の価値観に従って強みを活かす

自分の価値観に従って
強みを活かすことが何
よりも重要です

チャレンジ精神を
大切にしています

人に対する興味は
誰にも負けない！

正確性を重視
しています

経理　　開発　　営業

人がそれぞれ強みを活かせ
ば、今よりも社会がよくなり
幸せになれる。それがドラッ
カーの教えの真骨頂です。

03 ドラッカーが説いた マネジメントの本質

マネジメントは
経営そのもの

STEP 1 ▶ 管理者が行う経営管理(コントロール)ではない

はあ
疲れたな……

こんな生活
嫌になっちゃう

利益第一!
とにかく成果を
あげるんだ

マネジメントというとノルマ管理をイメージしがち
ですが、利益をあげることを目的にしてしまうと、組
織は疲弊するばかりです。

STEP
2 ▶ 人々や社会の幸せこそが真の目的

利益をあげていった先にあるのが人々や社会の幸せ。それこそが企業活動の真の目的です。

STEP
3 ▶ マネジメントはそのためのしくみづくり

予算を管理し計画するだけでは準備不足。戦略を立て、実行し、評価する一連のしくみをつくる必要があります。

04 マネジメントは大きく分けて3つある

3つのマネジメント・サイクルを回す

STEP 1 ▶ 事業のマネジメント

経営戦略

まずは経営の戦略を立てましょう

マネジメントの領域の1つ目は事業です。方向性や理念を定めて、それをもとに経営戦略を立てる必要があります。

STEP 2 ▶ 管理のマネジメント

マネジメントの領域の
2つ目は、戦略実行の要
となる管理者です。

STEP 3 ▶ 人と仕事のマネジメント

人に合った仕事を配分し、不足があれば教育を行い、円滑に仕事を
進めていけるような現場レベルのマネジメントも欠かせません。

利益は未来への
コスト

利益が落ち込んでいるな……

どうやったら利益を効率よくあげられるのでしょう

ただ利益をあげようとしても、
組織経営はうまくいきません。

STEP 2 ▶顧客満足と生産性の向上が重要

まずは顧客に満足してもらうこと！ これができれば利益も生まれる

マネジメント成功ですね

経営状態がよくなっています

顧客の満足を得ることができ、生産性が向上してこそ、組織の利益につながります。

STEP 3 ▶企業の利益は将来発生する費用の引当金

設備が壊れちゃったな。そろそろ買い替えどきか……

得られた利益は将来何かあったときのために使おう

利益は将来かかる費用の引当金。それこそが、人々の幸せを説いたドラッカーの考える利益のあり方です。

不景気の波が襲ってきた〜

利 利 利 利 利 利

06 組織が利益をあげる ために必要なこと

組織とは
目標達成のしくみ

STEP 1 ▶ 組織は単なる人材の配置ではない

企画部　人事部

どの部署も人は足りているけどあまりうまく機能していないかも

営業部

各部署にただ人を配置するだけでは組織はうまく回りません。

2 ▶ 目標達成のための戦略的なプランを練る

組織は目標達成のために戦略的に目標を設定する必要があります。

3 ▶ 立てた戦略は戦術レベルまで落とし込む

人材に加え、モノや費用、時間などの経営資源を効果的に活用することも、組織にとって重要な要素です。

07 貢献し合える配置が組織にとって重要

組織は凡人の集まり
でも構わない

STEP 1 ▶ 特定の人、部署だけ優れているのはNG

ある人、ある部署だけ優秀で
も、組織として成果をあげるに
は限界があります。

僕らアイデア
マンの精鋭部
隊だけど……

企画部だけじゃ
組織を支えられ
ないよ

企画部

STEP 2 ▶ 協働したほうが組織にはプラスに働く

> 僕も手伝うよ

> 協力すればできることも増える

> 一緒に組織を支えよう

| 人事部 | 営業部 | 企画部 | 経理部 |

協働することでひとり当たりの負担が軽くなり、組織としての推進力もアップします。

STEP 3 ▶ 相互の貢献関係を明らかにする

上司と部下の縦のつながり、他部署同士の横のつながり、どちらも貢献し合う関係にあることが重要です。

> 協働して成果をあげるために、お互いが貢献し貢献されることが大切です

> 部長の仕事手伝いますよ

> 教育やフィードバックなら任せてくれ

上司

営業部

企画部

> 営業に必要な情報があれば提供するね

> 代わりに僕たちも顧客の生の意見を伝えるよ

ドラッカーの簡易年表

ドラッカーは今までにない革新的なマネジメントの概念を提唱し、「マネジメントの父」といわれました。

1909年	オーストリアのウィーンで、ドイツ系ユダヤ人の家庭に生まれる。
1927年	ドイツのハンブルクにある貿易会社に就職。同時にハンブルク大学法学部に入学。
1929年	フランクフルト大学法学部に編入。アメリカ系銀行に証券アナリストとして就職するも、ニューヨーク株式市場の株価暴落(世界大恐慌)により失業。新聞記者として働きはじめる。
1931年	国際法の博士号を取得。将来の妻となる、学生ドリスと出会う。
1932年	ナチスのヒトラーを複数回取材。
1933年	ナチスの恐怖から逃れるため、イギリスのロンドンに移住して保険会社に勤める。また、ドリスと再会を果たす。
1937年	ドリスと結婚してアメリカに移住。イギリス系新聞社で働く。
1939年	処女作『「経済人」の終わり』を刊行。
1942年	ベニトン大学の教授に就任。『産業人の未来』を刊行。
1943年	GM(ゼネラル・モーターズ)から依頼を受け、1年半に及ぶマネジメント調査を実施。これをもとに組織改革を行い、大成功を収める。
1946年	GMの組織改革をまとめた『会社という概念』を刊行。ベストセラーとなる。
1954年	『現代の経営』を刊行し、「マネジメントの父」といわれるように。
1964年	事業戦略の立て方を体系的にまとめた『創造する経営者』を刊行。
1973年	マネジメント論の集大成である『マネジメント』を刊行。
1985年	『イノベーションと起業家精神』を刊行。
1993年	知識社会の到来を予測した『ポスト資本主義社会』を刊行。
2005年	クレアモンドの自宅にて逝去。

貢献するために
必要な経営視点

社会に貢献することの大切さを説くドラッカー。
彼が考える、ビジネスにおいて必要不可欠な経
営者視点について紹介します。

企業には
3つの成長率がある

STEP
1 ▶ 市場の成長率

どんどん成長
しています

残念ながら
しぼんでいます

企業はどこかの市場に属しているもの。ただ、成長していない市場では社会への貢献そのものが難しくなります。

2 ▶ 企業の成長率

企業は市場の成長率を上回る「量的な成長」がなければ、相対的に貢献しているとはいえません。

3 ▶ 質的な成長率は常に欠かせない

質的な成長率は、際限なく継続してあげていくことが大切です。

02 顧客を創造することで人々に貢献する

需要をつくって
供給するのが事業

▶ただ商品を生み出せばいいわけではない

なかなか
売れないな……

新商品か。でもフライパン
は別にいらないかな

新商品

ただ商品を生み出せば、それを買う顧客が
生まれるわけではありません。

STEP 2 ▶ 重要なのは顧客のニーズ

顧客の求める商品であればこそ、買ってもらえるのです。

STEP 3 ▶ ニーズをつかんで自分の望む取引をする

顧客が満足するものであれば、価格が他社より高くとも自社の望む条件で買ってもらえます。

03 顧客のニーズに応える ために必要なこと

必要なのは
売るしくみではなく
売れるしくみ

STEP 1 ▶ 何をいくらで買うかは顧客次第

うーん……買いたいっ
てほどじゃないかな。
予算も超えているし

当社の自信作です。
見ていかれませんか？

いくらよい商品をつ
くっても、顧客の購
買意欲を掻き立てら
れなければ買っては
もらえません。

STEP 2 ▶ 企業は顧客の買いたいものを売る

ウチには置いてなくて……すみません

顧客がほしいと思うものを提供する。それが企業の使命です

こういうのがあったらいいのに。どこかに売っていないかな

顧客がお金を出してでもほしいと思えるものを提供するのが企業の役目です。

STEP 3 ▶ 3現主義をとることが大切

売り場は最近どんな感じですか?

こういうものがよく売れていますよ

これが実際に店頭に並ぶんだな

修正が終わってこれが商品の完成形です

①現場に出る

③現物に触れる

②現実を知る

なるほど……最近の流行がわかった

「現場・現実・現物」の3つを大切にし、顧客のニーズを具現化することで顧客を創造できます。

顧客は誰かということを明確にする

ニーズだけでなく
顧客を知ることも重要

▶顧客は何種類も存在する

商品を買ってくれる人だけでなく、商品を取り扱ってくれる人や場所も顧客に含まれます。

カメラ好きに気に入ってもらえるようにこだわりたい

店舗の人も気に入るものじゃないと店頭に置いてもらえないよね

WEB広告の出稿先に変な商品は載せられないよね

STEP 2 ▶顧客は時代や環境で変化する

時代や環境が変われば、顧客も変化します。
その変化を敏感に察知する必要があるのです。

STEP 3 ▶誰を満足させるべきかを常に考える

満足させるべき顧客がわかれば、そこに合わせた商品を
つくることができ、組織の成果へとつながります。

生産性は付加価値を
測るものさし

ヒト

モノ

カネ

時間

経営するうえで
重要なのがこの4つ

生産性に関わってくるのが、ヒト・モノ・カネ・時間の4つ。
これらをどう使うかで成果が変わります。

STEP 2 ▶ コスト削減よりもコスト率の引き下げが大事

コスト削減のため、誰か
ひとり会社を辞めてくれ

え〜！

コスト率を下げるため、
価格を倍にしよう！

価格が倍ならコスト率
は半減しますね

コストを削減するよりも、いかにコスト率を下げるかが大切です。

STEP 3 ▶ 4つの要素のバランスを考える

一部の仕事は
外注することにした

その分お金はかかる
けど、時間に余裕が
できますね

少ない人員でも
本筋の仕事を集中して
こなせそうです

工夫のポイントは4つの要素（ヒト・モノ・カネ・時間）のバランスを
とること。どこに何をどれだけ使うか、しっかり考えましょう。

イノベーションは
顧客創造の機能

STEP
1 ▶ 現状のやり方やしくみでは限界がくる

これまでは順調
だったのに……

前の計画がうまくいった
からといって、ずっと同じ
やり方じゃダメか

現状のまま変化しないようでは、顧客のニーズや
時代の変化に対応していくことはできません。

STEP 2 ▶ イノベーションは新しい価値を生み出すもの

現状を打破
するには……

イノベーション
しかない！

技術的イノベーション

ほかにない
商品ができた

社会的
イノベーション

制度的イノベーション

在宅ワーク導入！
作業効率アップを
目指すぞ

このプロジェクトが
うまくいけば環境問
題を解決できるかも

イノベーションは単に技術の革新だけを指す言葉ではなく、
新しい価値を生み出すもの全般を指します。

STEP 3 ▶ 努力なくしてイノベーションは生まれない

既存のアプロー
チを参考に手を
加えてみるか

どんどん挑戦
しましょう！

商品Aと商品Bを
組み合わせたら
意外と使えるかも

GOAL

もっと効率の
いい方法はな
いかな

明確な目的に向かって分析
を行い、戦略を立て、実行す
る緻密な努力からイノベー
ションは生まれます。

Column②

組織で重要なのは
チャレンジ精神を育む土壌の有無

組織の目標を達成するためには、組織に属する人がチャレンジしやすくなるような環境を整えることが大切です。

組織にひとり優秀な人がいたとして、その人に頼りっぱなしでは組織としての成果をあげることはできません。全員が一丸となって目標達成に向かっていけるしくみが必要です。人が正当に評価され、失敗を恐れずチャレンジしやすい環境をつくることこそ、経営者の役目でしょう。

成果をあげるための
セルフマネジメント

目標を達成するには、まず自身の感情や行動
を律することが必須。誰でもすぐに実践できる
セルフマネジメント法を学びましょう。

01 貢献するためには知識を持つこと

知識とは成果をあげる能力である

▶ 経験で覚えることには限界がある

経験で穴掘りはかなり速くなったけど……

重機の使い方は経験だけではマスターできないや

経験を積めば仕事を覚えられますが、
そこから得られるものは限定的です。

STEP 2 ▶ 仕事の創意工夫は学習によって成り立つ

学習していろいろな機械が使えるようになったぞ

経験だけでなく学習をすることで知識が加わり、
より高い能力を得られます。

STEP 3 ▶ 適性や才能といった資質も大切

適性や才能といった、持って生まれた資質も成果をあげるための重要な要素のひとつです。

成果をあげるためには3つの要素が必要です

成果をあげる能力 ＝ 経験 × 学習 × 資質

どれかがゼロだと成果はあがらないぞ……

時間の性質を
知ることが重要

STEP 1 ▶ 時間はとても希少なもの

銀行に融資を頼んで
資金を調達しよう

社員を募集して
人材を確保しよう

時間はどこからも
調達できない……

時間は有限です。資金やヒト、モノと違ってどこかから
調達することもできず、何かと代替することもできません。

STEP

2 ▶ 時間はお金で買うことはできない

時間はお金を出して買えるものではありません。他人から
譲ってもらったり、借りたりすることも不可能です。

STEP

3 ▶ 時間は戻ることができない

時間はどんどん流れていき、巻き戻すこと
ができません。だからこそ、しっかりと
管理しないといけないのです。

03 成果をあげるには時間を マネジメントする

時間を
生み出す方法は
3つある

1 ▶ 仕事の時間を記録する

自分が時間をどう使っているのか、その都度、記録しよう

まとめて記録しようと思っていたら、どう使ったのか忘れちゃった……

リアルタイムで記録しましょう

自分の時間の使い方をリアルタイムで記録して、
自分がどう時間を使っているのかを把握します。

STEP 2 ▶ 仕事の時間を整理する

メールや電話に
こんなに時間を
使っているのか……

企画立案には
もっと時間が必要だな

仕事を必要なものと
そうでないものに分
類し、時間の使い方を
整理。時間のムダの原
因も突き止めます。

STEP 3 ▶ 仕事の時間をまとめる

この2時間で
集中して作業するぞ

10分でこれをして
次の5分であれをして

スマホやメールの
条件反射はNG

まとまった時間を確保して、そこで集中して仕事します。
カテゴリーごとに仕事をまとめるのも有効です。

仕事に集中できる時間をつくり出す

時間を細切れにせず
まとまった時間を確保

1 ▶ 仕事に集中できる環境をつくる

ただ今
仕事中

毎週月曜日の午前中は進捗管理のための時間だ!

成果をあげるためにはまとまった時間を確保し、
仕事に集中できる環境をつくることが重要です。

2 ▶ 同時に仕事を進めるのは非効率

メールの返信しつつ
報告書も書いて……

わかった

一度に複数の仕事をこなそうとすると集中できず、ミスも増え、結果的に効率が悪くなってしまいます。

課長、書類を
チェックして
ください

3 ▶ 重要な仕事からはじめる

まずはこれを
片づけよう

重要

仕事を優先度で整理し、重要なものから取りかかっていくと、
効率的に仕事をこなすことができます。

05 成果のあがらない仕事は切り捨ててしまう

劣後順位（れつごじゅんい）でやらない
仕事を選別する

STEP 1 ▶ 自身の業務を分析する

この業務は将来性があるぞ

この業務はこれ以上やっても伸びないかな

業務を客観的にチェックして、成果が期待できるものと期待できないものに区別します。

STEP 2 ▶成果のあるものだけに着目する

成果が期待できる業務を優先します。その業務に労力、人員、時間などを割くようにしましょう。

大事なのは選択と集中です

この業務には力を入れよう

人員と時間も割くぞ

STEP 3 ▶成果のない業務は切り捨てる

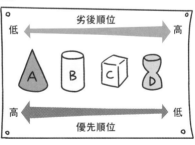

優先順位の反対の劣後順位をつけよう

劣後順位が高い業務は止めるべきだね

劣後順位

低 ← → 高

A　B　C　D

高 ← → 低

優先順位

劣後順位（やるべきでないことの順位）を決め、成果が期待できない業務は切り捨てます。

自分の得意なことや
秀でたことを生かす

STEP 1 ▶ 人の真似をしても成果は期待できない

あの人みたいにたくさん
モノを運ぼうとしたら
失敗しちゃった……

自分には向いていないのに、誰かの真似をして成果を
あげようとしても、よい結果は期待できません。

STEP 2 ▶ 誰にでも自分の得意なことがある

自分は裏方の仕事
のほうが得意だな

人前に出る仕事
のほうが得意だな

何でもいいので、自分の強みを見つけ出しましょう。自分を分析して得意なことを探してください。

STEP 3 ▶ 制限があれば制限のなかで強みを探す

この競技、意外と自分に向いているな！

与えられた権限や裁量などに制限がある場合でも、
そのなかで活かせる強みを探すようにします。

07

自分自身を客観的に分析する

フィードバック分析で
自分の強みを知る

STEP 1 ▶ まずは目標と期限を決める

新規顧客を1カ月で
10件開拓するぞ！

今月の営業成績

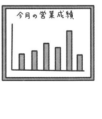

フィードバック分析では、まず「○○までに○○をする」という具体的な目標をひとつ立てます。

STEP 2 ▶目標は紙に書いておく

目標が決まったら、紙に書き出します。こうすることで目標を具体的に意識することができます。

STEP 3 ▶期限が来たら目標と達成度を比較する

期限が来たら、どの程度目標を達成できたかを振り返ります。そのなかで自分の強みと改善点を見つけます。

08 自分自身に合った 学び方を見つける

2min

自分の強みを知れば 成果があがる

STEP

1 ▶ 仕事のデキる人とデキない人の違い

私は
パワータイプ

私は
スピードタイプ

自分がどのタイプ
かわからない……

仕事の能力の差は
自分の強みを知っ
ているかどうかで
決まります

仕事がデキる人は、自分の強みを知っています。
デキない人は強みを知りません。そこが大きな違いです。

2 ▶フィードバック分析を行う

そうか、こういう方法が
自分には向いているんだな

フィードバック分析で
自分に合った仕事の
やり方もわかります

自分の強みや自分
に合った仕事のや
り方を知るために、
フィードバック分
析 (50〜51ページ参
照)を行います。

3 ▶仕事のやり方を改善していく

前より仕事の
効率があがったぞ

この部分を変えたら
もっと成果を出せる
んじゃないかな

分析を繰り返すことで、自分に合った仕事のよりよい
やり方が見つかり、次第にそれが身についていきます。

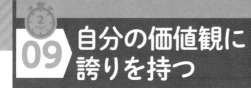

組織の価値観と
矛盾があれば
成果は出ない

STEP
1 ▶自分と組織の価値観は合致しているか

品質を最優先
するぞ

品質を最優先
にしてほしい

品質より効率を
重視してほしい

品質を最優先
するぞ

個人と同じく、組織も価値観を持っています。
自分の価値観が組織と合っているか、確認しましょう。

STEP 2 ▶ 価値観の相違があれば成果にも反映する

STEP 3 ▶ 自分の価値観が活かせる場所を探す

組織と価値観が違った場合は、組織内や組織外で
自分の価値観が活かせる場所を探しましょう。

10 もうひとつの居場所を
つくっておく

逆境のときに自分を
救うのは第2の仕事

STEP 1 ▶仕事で失敗することもある

常に仕事がうまくいくとは限りません。どんな人でも仕事で失敗する可能性があります。

大変申し訳
ございません

しまった！ 発注のケタ
を間違えてしまった

もう、おたくとは
取引しないよ

STEP
2 ▶ 人生そのものが失敗したわけではない

大きな失敗をしてペナルティを課せられるかもしれませんが、人生そのものが終わったわけではありません。

STEP
3 ▶ キャリア転換や副業は自分を救う糧

副業などで仕事以外の居場所をつくっておくと、退職後の人生にとって大きなプラスになります。

成功への足がかりは
地道な努力にある

仕事で成功するために、特別な才能は必要ありません。日々、コツコツと仕事
を積み上げられるかどうかです。

成功するのは、並外れた能力を持つ人ではありません。地道に「反復」
することができる人です。成功につながる必要な作業を日々積み重
ね、努力を怠らない勤勉さこそが最大の武器となるのです。

4

マネージャーの
あるべき姿

組織を動かす中核となるのがマネージャーで
す。本章では、ドラッカーの教えから「リーダー
シップ」の真髄に迫ります。

組織の成果を
考えられる人が
マネージャー

1 ▶ マネージャーの責任は部下の行動ではなく成果

どの仕事も順調
に進んでいるな

A 案件

C 案件

B 案件

部下に指示を出すので
はなく、組織が成果を
あげるために貢献し、責
任を持つことがマネー
ジャーの仕事です。

STEP 2 ▶ 経営層だけがマネージャーではない

マネジメントは上層部だけがするんじゃないの？

一般社員の私たちには関係ないでしょ

上層部

一般社員

マネジメントを直訳すると経営や管理ですが、企業の上層部だけがマネジメントしているわけではありません。

STEP 3 ▶ 成果に責任を持つすべての人がマネージャー

デザインと製造の責任者です

プロジェクト全体を管理しています

みんながマネージャー

広報の責任者です

現場への発注の責任者です

現場管理者やプロジェクトリーダーなど、成果をあげることに責任がある人全員がマネージャーです。

02 マネージャーに必要なのは誠実さ

誠実さは
マネジメントの基盤

STEP 1 ▶ 不誠実なマネージャーは組織を壊す

嘘をつく、責任転嫁するなど、モラルのない人はNG。たとえ有能であっても組織を壊す要因となります。

STEP 2 ▶カリスマ性は必要ない

書類を確認した
ので戻します

早々にありがとう
ございます

みんなが提案してくれたように
今後はこのやり方に変更します

現場の声を
活かしてくれた

効率UP

マネージャーに求められるのは仕事に対する
誠実さです。特別なスキルやカリスマ性では
ありません。

STEP 3 ▶誠実な人なら周りと信頼関係が築ける

改善策を提案
してみよう

この人となら安心
して仕事ができる

わからないところ
は教えてもらおう

カリスマ性や威厳などがなくても、
誠実さがあれば周りと信頼関係を築
き組織をまとめることができます。

マネージャーは
特別な存在ではない

1 ▶ 組織の機能としてマネージャーは存在する

組織を管理する役割を任されました

会社は、組織をまとめ動かすための機能のひとつとしてマネージャーという地位を与えています。

STEP 2 ▶マネージャーも組織を構成するひとり

仕事を任せます

ほかの人と同じく組織の一員として仕事をしつつ、
マネジメントの役割を担うのがマネージャーです。

STEP 3 ▶たとえるならオーケストラ

 指揮者としての
職務を果たします

 僕は出番が少ないけど、
しっかり責任を持ちます

 オーケストラに華を
添えるのはヴァイオ
リンの役目

全体の指揮をとり
ながらオーケストラ
に貢献しています

オーケストラは誰かが欠け
ると成立しません。指揮者
（マネージャー）だけが特別
な存在ではないのです。

しくみで部下の
モチベーションを
あげる

STEP
1 ▶ 高い水準の仕事を任せる

資料をホチキスで
留めてるだけだなぁ

企画から
やってみて

任せて
ください!

簡単な仕事ばかりをこなすより、適度
にハードルが高い仕事を任されるほう
がやる気につながります。

STEP 2 ▶ 自己管理に必要な情報を与える

なんでこんな
ことするの？
面倒だな～

なるほど！
しっかりやろう

確実な結果を
出すために
必要なんです

1日1本
入れる

任された仕事に関する情報がないとやる気は
起きません。その仕事が必要な理由や意味を共
有しましょう。

STEP 3 ▶ 意思決定への参画をさせる

このように改善する
のはいかがでしょう

いいね
その案でいこう

自分の意見が通った！
これからもがんばるぞ～

出された指示に従うだけのしくみはNG。
物事の決定に関わることで、仕事への意欲
が高まります。

焦点をあてるのは
姿勢よりも成果

STEP 1 ▶ 人の言動は感情に左右されがち

評価してあげたくなる
部下だなぁ

評価しにくい
部下もいるなぁ

評価は平等に行うのが鉄則。評価基準に自分の感情や人間関係を持ち込んではいけません。

STEP 2 ▶ 公平な評価が部下のやる気を引き出す

どんな成果をあげたか、に着目して評価をすることでモチベーションアップにもつながります。

STEP 3 ▶ 大切なのは成果が部下と共有されていること

成果は売上額など数値化できるものに限りません。協調性やサポート、管理能力なども成果に含まれます。

コミュニケーションは
マネジメントの根幹

STEP
1 ▶「コミュニケーション=情報」ではない

木曜日に会議するってさ
資料つくっといて

せっかく話す機会があっても
これじゃあ意思疎通できないな

情報を伝えて一方的に押しつけるのではなく、
相互に理解し合うのがコミュニケーションです。

STEP 2 ▶ 上司と部下が絆で結ばれる方法①

わかりやすく伝える

ここはこういう風に
考えるといいよ

なるほど！
わかりやすいです

質問があるん
じゃない？
何でも聞いてね

相手の期待に気づく

ありがとうございます！
あの、ここなんですけど……

相手に伝わる言葉や表現を用いることが大切です。
また相手の期待を察知し、それに応えるのもポイント。

STEP 3 ▶ 上司と部下が絆で結ばれる方法②

要求をはっきりさせる

資料3ページ目の
ここの表記を直し
てもらいたいんだ

承知しました

情報交換で終わらない

ちょっとした
気づかいがうれしい

午後から
打ち合わせだって
都合つきそう？
ダメならいってね

曖昧な要求は相手を困らせるので注意。情報を伝えるときも、
相手の立場を考えた言動を心がけましょう。

07 現場管理者に権限や 責任を持たせることも必要

すべて自分で解決
しようと思わないこと

STEP
1 ▶ 現場の細かい部分は現場でしかわからない

売れ行きはいかが
ですか?

先月よりも
伸びています

特に○○が××の人たちに
売れていますね!

現場管理者が現場
のことを一番理解
しています。細かい
部分は現場に任せ
ましょう。

STEP 2 ▶ 任せることで細かい修正が可能になる

休日は混むから
人を増やそう

新作商品はあと
20個追加しよう

もっとよい
サービスを
提供したい!

商品や人員などの管理を任せることで効率UP。現場の強みを活かせば意欲も生産性もあがります。

STEP 3 ▶ 現場管理者と仕事の目的を共有することが大事

現場管理者には
大幅な裁量権が
必要です

売上をUP
させよう

頑張ります!

現場管理者に権限を与え、仕事の目的も共有したうえで管理することが、大きな利益につながります。

08

チーム全体で成果を
あげられるようにする

適切な仕事を
割り振ることが大切

STEP
1 ▶ 仕事の期間を長くしすぎない

お願いしたい仕事が
あるんだけど……

まずは来週までに
これをお願いします

再来週は次の仕事を
お願いする予定です

ゴールが見えないと成
功体験を得られず仕事
のやりがいを感じられ
ません。目標は段階的
に設定します。

STEP 2 ▶ 上司のサポートばかりさせない

仕事は会社へ貢献するために行います。上司を喜ばせるためではないので、サポートだけさせるのはNG。

STEP 3 ▶ 仕事量や難易度を適切なものにする

困難を乗り越えた経験は成長につながります。能力に応じてやりがいを感じる仕事を割り振りましょう。

09 上司の成果を あげられるようにする

上司にも強みと
弱みがある

STEP 1 ▶ 組織は個人ではなしえない成果をあげる場所

多くの人が集まることで、個人で
は実現できないほどの成果をあ
げられるのが会社の強みです。

私の売り上げは
これくらい

業界No.1

みんなでこんなに
売り上げたぞ!

STEP 2 ▶ 上司の弱みではなく強みを探す

上司の弱点よりも強み、得意なことを活かします。弱点にばかり気をとられていては成果を得られません。

STEP 3 ▶ 上司が成果をあげることは組織の成功

上司の成功はチーム、組織の成功です。上司本人だけではなく、部下たちにもよい結果をもたらします。

2 min

合理的な
意思決定のために
可能性の範囲を
見つける

STEP
1 ▶ 底流分析を行う

世界情勢

底流分析を行い、人口の変化
や世界情勢など、経済に大き
な影響をもたらすものの動向
を知る必要があります。

人口の変化

2 ▶ 趨勢分析を行う

経済の動向

趨勢分析は経済現象の動き
を予測すること。経済の動
向を注視することも企業の
未来にとって重要です。

3 ▶ 未来を予測する

経営は変動するもの。合理的な意
思決定をするために、最悪の状況
も想定しておきましょう。

合理的な意思決定をするために、
分析することが大切です

大企業

起こりえるリスクも マネジメントする②

リスクについて
知っておく

STEP 1 ▶ 負うべきリスクと負えるリスクを知る

将来に備えてさまざまなリスクを考慮することが大切です

避けられない「負うべきリスク」と、失敗しても大したダメージにならない「負えるリスク」があります。

準備完了。荷物は重いけど、これがないと登山できない

小さな山なら失敗してもひとりで登れそうだ

負える
リスク

負うべき
リスク

2 ▶負えないリスクも知っておく

負えない
リスク

こんなに荷物は持てない。
動けないよ〜

自分では対処でき
ないリスクを知っ
ておくと、避けるこ
とも可能です。

3 ▶負わないことによるリスクもある

そもそも登山はリスク
だからやめよう

彼、登山
しないの？

登山をしなくなった途端に
体が弱くなったらしいぞ

Go home

負わないことによるリスクも
忘れてはいけません。とき
にはリスクを恐れず、挑戦する
ことも大切です。

12 意思決定の理由を部下と共有する

情報共有しないと
信頼関係が崩れる

STEP
1
▶ デキない上司は独りよがりで決定しがち

A社のプランで進めよう

自分勝手に物事を進めていては、
部下はついてこないものです。

STEP 2 ▶ デキない上司は独りよがりで指示しがち

どうしてA社を
選んだんだろう

この仕事が必要な
理由って何?

いわれたことをちゃんと
やるんだぞ

一方的に指示をされても部下
は納得できず、信頼関係を築く
ことはできません。

STEP 3 ▶ デキる上司はしっかりと情報を共有する

○○と△△があるため
A社を選びました

決定した背景や理由
を説明することで部
下は納得し、その決
定を尊重できるよう
になります。

なるほど
そういうことか

こういうところに
力を入れて頑張ろう

13 時代の変化を チャンスと見なす

変革できる
マネージャー
としての条件

STEP 1 ▶ 同じやり方を捨て、改善ができる

効率重視でこれ からはこの方法 に変えましょう

NEW

今までの やり方

変化をチャンスにできるマ ネージャーは、これまでのや り方にこだわらず改善し続 けることができます。

STEP 2 ▶ 成功を常に追求する

失敗した理由と同じように、成功した理由を知り、周りと共有することも重要です。

成功した事業を中心に分析結果を共有します

STEP 3 ▶ イノベーションを可能にする

このリーダーの新しいやり方なら意見もいいやすい!

自分のアイデアを仕事に活かせるかも♪

時代の変化をチャンスにできるリーダーがいることで、イノベーションが生まれる機会が増えていきます。

誠実ではないマネージャー
とはどんな人か?

人の上に立つマネージャーに必要なのは誠実さ。もしもマネージャーが不誠実だと、組織はダメになってしまいます。

組織をとりまとめる立場にあるマネージャーが尊敬できる人でなければ、部下はついていきません。尊敬されるために必要なのは誠実さです。ドラッカーは、誠実さに欠けるマネージャーの特徴を5つ挙げています。

①人の弱みに
ばかり注目する

②何が正しいかより誰が
正しいかを重要視する

③誠実であることよりも
頭がいいことをとる

④部下に対して威圧的である

⑤自分の仕事に甘い

カーネギーの基礎知識

『人を動かす』や『道は開ける』のベストセラー
作家として知られるカーネギー。本章では彼の
基礎的な教えを紹介します。

世界レベルで
人間関係の
悩みを解決

STEP 1 ▶ さまざまな業種を経て人々を観察

俳優

雑誌記者

セールスパーソン

人をよく見る仕事に
深く関わってきました

さまざまな仕事をするなかで多角的に人間を観察し、
人に何かを教える人になろうと決心しました。

STEP 2 ▶ 話し方の講師として人気を博す

カーネギーは副業で、話し方講座の夜間非常勤講師を
務めたことも。回を重ねるごとに評判が広がりました。

STEP 3 ▶ 大ベストセラー作家になる

自身の経験で得た話し方や対人スキル
を体系化して『人を動かす』を出版。
社会現象を巻き起こしました。

幸福な人間関係の
築き方がわかる

▶幸福の感じ方に地位や財産は関係ない

お金！

地位と名誉！

問題
人が幸せになるのに
必要なものは？

答えは何で
しょう？

カーネギーは、人が幸福かどうかは財産や地位
で測れるものではないと考えます。

STEP 2 ▶ 大切なのは考え方やものの見方

今までの物事の考え方や見方を変えることで、人生を楽しく過ごす方法が学べます。

STEP 3 ▶ 自身が変われば他人の行動が変わる

決して無理強いすることなく、周りの人が自然と自分の味方になってくれる方法が学べます。

相手を正す前に
自分自身の
行いを正す

STEP
1 ▶むやみに批判や非難をするべきではない

資料の提出が遅れているけど、やる気ないの?

実はトラブルが……遅れて申し訳ありませんでした

相手のミスを頭ごなしに否定するのは、関係性が悪化するだけ。一度相手の言い分を聞きましょう。

STEP 2 ▶ 誰もが自尊心を満たしたいと思っている

相手の得意なことに目を向けて褒めることで自尊心が高まり、相手は主体的に行動するようになります。

君の接客はお客様思いですごくいいね！

ありがとうございます。もっと頑張ります！

STEP 3 ▶ 相手の立場に立った振る舞いをする

このロボット掃除機が家にあったら旦那さんも大喜びですよ！

確かにそうかも。使ってみようかしら

相手の立場に立ち、利益になることを明確に伝えると、相手は喜んで行動してくれるようになります。

人を動かしたければ
自分を変える

STEP 1 ▶ 高圧的な言動では反発を招くだけ

この資料、不備だらけ
で読む気がしないわ

は？　どこらへんが
ダメですか？

こんな会社
辞めてやる……

相手を高圧的な態度で責め立
てたり、見下したりする言動は、
反発を招く原因になります。

相手を立てる姿勢で接して自尊心を満たすことで、相手も素直に指示や要求に応じてくれます。

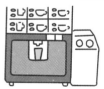

相手の間違いを指摘するとき、自己の意見を控えめに伝えることで意見を聞き入れてもらいやすくなります。

自分自身の悩みは
遠ざけることができる

今日という1日を
大切にする

▶ 誰しも将来の不安はある

老後　　病気　　お金

10年後、自分は
どうなっているん
だろう……

老後、お金で
苦労するのだ
ろうか……

将来どうなるのかは誰にもわかりません。多かれ少なかれ、
未来への不安は誰もが持っているといえます。

2 ▶ 不安は過去の後悔から生まれる

仕事をサボっちゃおう

あのときもっと準備するべきだった……

どうしよう、不安になってきた……

過去は変えられません。しかし、現在抱えている不安の原因が過去の失敗にあることはよくあります。

STEP

3 ▶ 今日1日に集中する

今を生きる

今日やるべきことを全力で頑張ってみよう

自分の力が及ぶのは現在だけ。過去や未来のことは一旦忘れ、「今」できることに全力を尽くしましょう。

06 自分自身の悩みに 向き合うのにはコツがある

準備をすれば
悩みや不安は
乗り越えられる

▶ 最悪な事態を想定する

このまま経営が悪化
したら店が潰れて
家族も路頭に迷う……

まず現在抱えている悩み
に対して、起こりえる最
悪の事態を具体的に想像
します。

STEP 2 ▶ 最悪な事態を受け入れる準備をする

最悪の事態が明確になったら、その状況を受け入れる覚悟を決めましょう。すると自然に冷静になれます。

STEP 3 ▶ 事態を改善するための努力をする

現状と冷静に向き合い、やるべきことを決めます。コツコツ努力することで事態は改善していくでしょう。

カーネギーの簡易年表

ベストセラー作家として有名なカーネギー。彼の生い立ちについて簡潔にまとめました。

1888年	アメリカ・ミズーリ州の農家に生まれる。
青年期	教師を目指して州立学芸大学に入学。卒業後はセールスパーソンや俳優、雑誌記者などさまざまな職を転々とする。
1912年	YMCA（キリスト教青年会）が主催する弁論術講座の講師として勤める。徐々に評判が広まっていき、多くの受講生が集まるように。YMCAから独立後はデール・カーネギー研究所を設立し、自身の弁論術を深めていく。
1936年	『人を動かす』を刊行。大きな反響を得てベストセラーとなる。
1948年	『道は開ける』を刊行。こちらもベストセラーに。
1955年	ニューヨークの自宅で逝去。

カーネギー2大著書

『人を動かす』

講師として勤めるなかで、カーネギーは自ら人間関係にまつわるスキルについてまとめた教材をつくるように。そして改良を重ね、出来上がったのが『人を動かす』です。

『道は開ける』

人の悩みを解消する方法をまとめた書籍。カーネギーによる緻密な実践と検証の成果がつまった1冊です。

人間関係を
良好にする方法

社会生活のなかで、良好な人間関係を築くことはとても大切です。ビジネスに有用なカーネギー流のコミュニケーション術を学びましょう。

01 人からの印象をよくする方法

人に興味や
関心を持つ人ほど
相手に好かれる

STEP
1 ▶ 仕事を円滑に進めるには好印象がカギ

自分が好印象を持つ相手とは関係が深まりやすく、これは仕事においてもいえることです。

御社の商品を愛用しています！一緒に仕事ができて光栄です

うれしいな。この人とはなんだかうまく仕事ができそうだ

STEP 2 ▶興味を持ってくれない人に関心は向かない

えーっと、御社はどんな商品を
つくられているんでしたっけ？

逆に興味を持たれていないと感じると、その時点で相手との間に溝ができてしまいます。

あんまり印象
よくないな

全然、興味ない
じゃないか

STEP 3 ▶関心度が高いほど相手の関心も高くなる

深く興味を持ってくれている人には、その深さの分
こちらも相手に興味を抱いてしまうものです。

また次もよろしく
お願いします！

御社独自の開発技術について、本日はいろいろ
勉強になりました

こんなに我が社に
興味を持ってくれ
ていたとは……

次の打ち合わせまでに
この会社のこともっと
調べておこう

02 人の心をつかむ方法

話し上手より
聞き上手に
なることが重要

STEP 1 ▶ 人は話を聞いてくれる人に好感を持つ

へえ〜、それは大変だったね

こんなに話を聞いてくれるなんて、この人に話してよかったな

自分の話をよく聞いてもらえるのはうれしいもの。人の話を聞いてあげれば、それだけで好印象を持たれます。

STEP 2 ▶ 自分語りや話を途中で遮る人は嫌われる

自分の話ばかりしたり話を遮ったりしては、相手は関心を持たれていないと感じてしまうので注意です。

それよりさ！ 私この前旅行に行ったんだけどね……

それでね……

この人、自分のことばっかりだな

STEP 3 ▶ 重要なのはじっくり耳を傾けること

どうなっているんだ！

大変失礼致しました。もしよければ詳細をお聞かせください

1時間後

ちゃんと話を聞いてくれて、ちょっと落ち着いてきたかも……

確かに。お気持ちはわかります

たとえ怒った相手でも、話を聞けば冷静になってもらえるものです

相手の話に真摯に耳を傾け、時折相づちや返答をすることで、話を聞いてもらった相手は満足します。

人を見下したり
けなしたりしては
いけない

▶ ネガティブな言葉はやる気を失わせる

何度いわせれば気が済むんだ！
使えないやつだな

もうやりたく
ないな……

マイナスな言葉をかけられて気分があがる人はいません。マイナスからはマイナスしか生まれないのです。

2 ▶ 叱るのではなく褒めることが大事

君はここが優れている。あきらめずにトライすればできるはずだよ

ありがとうございます！あきらめずに頑張ります

叱らずに褒めることで相手は自主的に動くようになり、それが成長へとつながります。

3 ▶ 指摘する際はさりげなく提案型で行う

ちょっと気になるところがあって……一緒に確認してもらえないかな？

わかりました。何でもいってください

仕事で指摘しなければならないような場合、命令ではなく提案をすることで相手をうまく誘導できます。

モチベーションは
他者から
影響を受ける

▶ 人は期待されると応えたくなる

君ならいい企画がつくれる
はずだ。期待しているよ

ありがとうございます。
精一杯努めます

期待を寄せられる
と、人はそれに応
えようと努力する
ものです。

STEP 2 ▶ 人は信頼を失いたくないと考える

相手を立てる姿勢で接して自尊心を満たすことで、相手も素直に指示や要求に応じてくれます。

STEP 3 ▶ 人は誰よりも秀でていたいと考える

人より優れていたいという競争心を利用して、相手のやる気を向上させ、成長に導くことができます。

心のない言葉は
不信感を抱かれる

STEP 1 ▶ 褒めればいいというものではない

お世辞を褒め言葉として真に受けてしまう人もいます。それを利用して人を操るのはもってのほかです。

お役に立ててよかったです。またいつでも対応します

課長ってば……
新人が真に受けちゃっているよ

君のアシストよかったよ。天性の才能かもね

STEP 2 ▶ 口先だけの人は見透かされる

今日も助かったよ。
さすがだね！ よ、日本一！

口先だけ褒めれば
僕が何でもすると
思っているのかな

表面的な褒め言葉はいずれバレます。その場しのぎの言葉ばかり発していては、信頼を失いかねません。

STEP 3 ▶ 心ある利他的な褒め言葉であることが重要

よく見てくれているな。
この先輩の言葉は信
用できる

この前のプレゼンよかったよ。
構成もよく考えられていたね

相手を思った誠実な言葉に敵うものはありません。
褒めるときは、相手のことを第一に考えるのです。

06 人からの評価をあげる方法

謙虚で誠実な姿勢を
示すことが大切

STEP 1 ▶ 物事は誤っている場合のほうが多い

あいつ……数値が
でたらめじゃないか

相手の明らかな誤り
を見つけると、なり
ふり構わず怒る人は
少なくありません。

STEP 2 ▶過信すると相手への尊敬がないがしろに

こいつ、ムカつく。俺が悪いんだけど謝りたくないなあ……

わたしが正しく再計算して直しておいたから！ このバカ者が！

自分が正しいと過信している人は、相手の心情を考えず間違いを指摘して、ダメージを与えてしまいます。

STEP 3 ▶すぐに自省したほうが周囲の評価は高い

自分の非は素直に受け入れることで、相手の良心を引き出せます

焦って単純なミスをして申し訳ありませんでした

……まあ、内容はよくできていたし、なかなか筋はよかったよ

自分に非があればすぐに認めて謝罪することで、相手の責める気持ちを和らげることができ、相手からの評価も高まります。

素直でいいやつじゃないか

人間関係を良好にする秘訣は 笑顔でいること

人にはさまざまな表情があります。特に笑顔は人を惹きつけやすく、好印象を持ってもらいやすいものです。

　表情は一番人の目に留まりやすい部分です。言葉で無理に好意や感謝を伝えようとするよりも、笑みを浮かべたほうが相手に伝わりやすいといえます。笑顔はその人の温かさを引き出し、相手によい印象を与えることができるので、少し気をつけるだけでも関係を良好にする効果があるのです。

あ、どうも
……

表情が暗いな。
ちょっと近寄り
がたいかも

笑顔がいいな。
私も感謝されて
うれしい

ありがとう

いい人そう。
私も話してみたい
な……

7

気持ちを
切り替える方法

問題に直面したとき、立ち直る力があることは大き
な武器になります。本章では、心のバランスを整え
て問題を解決する術を紹介します。

01 悩みにとらわれない方法

見返りを求めず
うらやむ心も持たない

1 ▶ 人からの感謝を期待しない

最近、
絶好調でね……

以前、私がアドバイスしたのを忘れているみたいだ。ま、力になれてよかった

人からの恩恵を期待するより、自らの行動に意義を感じることが大切です

人は感謝を忘れやすいもの。何かしてあげても、見返りがあるとは限らないことを肝に銘じておきましょう。

STEP 2 ▶今あるものに焦点を当てる

人をうらやむのではなく、自分にあるものに焦点を当て、その魅力を引き出すことで幸せに近づけます。

STEP 3 ▶マイナスをプラスの方向に考える

マイナスな状況でも、プラスに変えようと努力する姿勢こそが、物事をよい方向へと導くカギです。

02 悩みから抜け出す方法

悩みを数値化する

1 ▶悩みをデータで分析する

やっぱり心配
だな……

その心配が実際に起こる確率を調べてみたら？
データがわかれば安心できるかも

起こる 20%

起きない 80%

懸念していることが
実際に起こる確率
は、自分が思ってい
るよりもかなり低い
といえます。

過去のデータをもとに、
懸念が実際に起こる確
率を出したものを「平均値
の法則」といいます

STEP 2 ▶ 悩む期限を決める

いつまでもこのまま
じゃダメだよね

期限を決めて悩む期間に
区切りをつければ、悩み
を引きずらなくて済むよ

悩みの重要度に応じて
期限を設けてみましょう

その悩み
明日まで

悩む期限をあらかじめ決め
ておくと、それ以上悩み続け
る心配がありません。

STEP 3 ▶ 忙しい環境に身を置くのもポイント

急な仕事が入っちゃった！
仕事のことしか考えられない……

忙しくて大変そうだけど、
おかげで悩みからは解放
されたみたいだね

忙しい状況ではそちらに意識が集中するため、
悩みに支配されるヒマがなくなります。

03 ポジティブになる方法

考え方ひとつで
人は前向きになれる

STEP 1 ▶ 人生は思考によってつくられる

何事も前向きに考えることで行動が変化し、状況が
変化し、人生が幸せなものへと変化していきます。

まだ半分も仕事が
残っている……

全体の仕事

終わった
仕事

まだ
半分

もう半分も仕事を
終わらせたぞ

もう
半分

2 ▶ 人を憎まない

いいのいいの！
そんなことより
ヒット商品を
絶対につくろう

あの人また手柄を
横取りして……
ほっといていいん
ですか？

ふふっ

憎しみからはマイナスしか生まれません。確固たる信念や目標を持てば、憎しみはムダだと気づけます。

3 ▶ 自分らしく振る舞う

なんであいつ
ばっかり……

私は私でしか
ないんだ！

Aさんって自分らしくて
素敵ですね

人と比べる、人の真似をするのではなく、
自分らしさを大切にすることで真に人は輝くのです。

人からの批判を
力に変える

▶ 批判の声は自分にしか届いていない

ダメな
ヤツだ

明日彼女と映画に
行くんだ

今日中にこれ
仕上げないと……

今日帰ったら
何しようかな

みんな私が批判さ
れたことを知って
いるのかな……

人は自分のこと以外にあまり関心がないため、
批判の声を周りは自分ほど気にしていないものです。

▶ 批判は評価の裏返し

批判には妬みが含まれて
いることも。その場合、高
く評価されているからこそ
妬みの対象になるのです。

> 裏返せば、それだけ
> いい企画だったって
> ことだよ！

> ライバルに企画
> をダメ出しされ
> ちゃって……

▶ 日頃からベストを尽くす

> 私はただベストを尽くし
> ているだけ。気に病むこ
> となんか何もない

> いつも頑張っていて
> すごいなあ

> 俺じゃなくてあいつの
> 案が選ばれるなんて……

日頃からベストを尽くしていれ
ばそれが自信となり、いわれの
ない批判をされても堂々として
いられます。

05 自分自身を強くする方法

人に感謝しつつ
自分自身を律する

STEP 1 ▶ 批判の声を自ら進んで求めていく

うーん

そうだな
……

気になるところがあれば
正直にいって！

自分が望む成長のため、活かせる指摘を積極的に求めていく姿勢が大切です。

2 ▶ 自分が自分の最大の批判者になる

自分の失敗を厳しく分析することを習慣化すれば、
人からの批判に物怖じしなくなります。

3 ▶ より高みを目指す人間になれる

客観的で的確な分析をして、それを受け止めることができれば、さらなる成長につながります。

Column ⑦

自分の心身の健康を
保つことも重要

人生において疲れない人はいません。疲れを溜め込んでしまうと、心身の健康に支障をきたしてしまいます。

心も体も健やかな状態を保つことは、誰にとっても大切です。悩みを解消する以前に、悩みを生み出してしまう疲れを溜め込まないようにしましょう。カーネギーは、心身の健康を保つ6つの方法を紹介しています。

ちょっと休憩だ。午後からも頑張るぞ

①事前に休んで
疲れを溜めない

心が落ち着く〜

②リラックスして
精神的な疲労を和らげる

またいつでも聞くよ

悩み相談ありがとう。おかげですっきりしたよ

③悩みを減らして
疲れを軽くする

仕事を分担してひとりの負担を減らそう

わかりました！

④仕事のやり方を
見直す

単純作業こそ楽しんだもん勝ちだ

⑤思考の転換で
仕事を楽しくする

疲れているのになかなか寝つけない

まあ、日記でもつけるか！

⑥眠れなくても
気にしない

▶▶ 参考文献

ドラッカー&カーネギーのことをもっと詳しく知りたい人は、
是非ともお読みください！

『マネジメント 課題、責任、実践(上・中・下)』
『【エッセンシャル版】マネジメント 基本と原則』
『明日を支配するもの』
『イノベーションと企業家精神』
『経営者の条件』
『現代の経営(上・下)』
『創造する経営者』
『ネクスト・ソサエティ』
(すべてP・F・ドラッカー 著、上田惇生 訳、ダイヤモンド社)

『人を動かす 文庫版』(D・カーネギー 著、山口博 訳、創元社)
『道は開ける 文庫版』(D・カーネギー 著、香山晶 訳、創元社)

『図解で学ぶ ドラッカー入門』(藤屋伸二 著、日本能率協会マネジメントセンター)
『図解で学ぶ ドラッカー戦略』(藤屋伸二 著、日本能率協会マネジメントセンター)
『別冊宝島1750 まんがと図解でわかる ドラッカー リーダーシップ論』
(藤屋伸二 監修、宝島社)
『別冊宝島1710 まんがと図解でわかるドラッカー』(藤屋伸二 監修、宝島社)
『13歳から分かる！人を動かす カーネギー 人間関係のレッスン』
(藤屋伸二 監修、日本図書センター)
『13歳から分かる！道は開ける カーネギー 悩みを解決するレッスン』
(藤屋伸二 監修、日本図書センター)
『まんがでわかる D・カーネギーの「人を動かす」「道は開ける」』(藤屋伸二 監修、宝島社)

─ BOOK STAFF ─

編集	細谷健次朗(株式会社G.B.)
編集協力	三ツ森陽和、吉川はるか
執筆協力	上田美里、龍田 昇
イラスト	しゅんぶん
デザイン	森田千秋(Q.design)

監修　藤屋伸二（ふじや・しんじ）

藤屋ニッチ戦略研究所代表取締役。1956年生まれ。1996年、経営コンサルティング会社を設立。1998年には大学院に入り、「マネジメントの父」といわれるドラッカーの研究をはじめる。現在は、ドラッカーの経営論をベースにした「粗利益率を20%アップする ニッチトップ戦略」をコンセプトにして、中小企業を対象にしたコンサルティング、経営塾、講演、執筆活動を行っている。著書・監修書は『図解で学ぶドラッカー入門』（日本能率協会マネジメントセンター）、『ドラッカーに学ぶ「ニッチ戦略」の教科書』（ダイレクト出版）、『13歳から分かる! プロフェッショナルの条件』（日本図書センター）、『まんがと図解でわかるドラッカー』『まんがと図解でわかるコトラーの思いやり仕事術』『まんがでわかる D・カーネギーの「人を動かす」「道は開ける」』（すべて宝島社）など計52冊で、累計発行は258万部を超える。

>> 倍速講義
ドラッカー×カーネギー

2024 年 1 月 5 日　1 版 1 刷
監修　藤屋伸二
ⒸShinji Fujiya, 2024

発行者　國分正哉
発　行　株式会社日経 BP
　　　　日本経済新聞出版
発　売　株式会社日経 BP マーケティング
　　　　〒 105-8308
　　　　東京都港区虎ノ門 4-3-12
　　　　https://bookplus.nikkei.com
印刷・製本　シナノ印刷

ISBN 978-4-296-11952-3